UNE CONFÉRENCE



# L'HOMME PRIMITIF

PAR

FÉLIX HÉMENT

PARIS

CHEZ TOUS LES LIBRAIRES

Prix : 50 centimes

(C)

Coulommiers — Typographie de A. Moussin.

# L'HOMME PRIMITIF (1)

..... Au commencement les premiers hommes ignoraient les usages du feu, ils ne savaient pas se servir de peaux de bêtes, ni se vêtir de leu dépouille; ils habitaient les bois, les cavités des montagnes, les forêts,... ils ne connaissaient pas le lien des mœurs et des lois.....

LUCRÈCE.

## § I. — LES TÉMOIGNAGES

Longtemps avant les premiers documents historiques, longtemps avant même l'invention de l'écriture, l'homme existait déjà et laissait de son séjour sur la terre des traces dont la véracité ne le cède pas aux écrits des historiens. Si l'on considère d'ailleurs combien l'histoire, celle même des événements contemporains, laisse à désirer au point de vue de la vérité, on sera plus disposé à accorder aux témoignages d'un autre ordre l'importance qu'au pre-

(1) Conférence faite à Saint-Denis, à Montrouge, à la mairie de l'Elysée, à Passy.

mier abord on serait tenté de leur refuser. La vérité historique est relative : les historiens ne sont-ils pas passionnés, les renseignements insuffisants, les appréciations faussées par les changements survenus dans les mœurs ? Quelle est la vérité sur la Révolution, sur l'Empire, sur Waterloo? Est-ce celle de M. Thiers, de M. Mignet, de M. Louis Blanc, de M. Quinet, de M. Michelet, etc., etc.? et il s'agit ici d'événements dont les témoins existent encore!... Gardons-nous donc de croire que cela seul qui est écrit est authentique, et examinons de plus près la valeur des vestiges que l'on peut nommer extra-historiques.

Quelle en est d'abord la nature?

Pour que l'homme vécût, il fallait qu'il se nourrît. Il inventa donc des armes pour atteindre les animaux et des ustensiles pour préparer ses aliments. Les débris de cette nature qu'on rencontre nous éclairent sur le mode d'alimentation des premiers hommes et par suite sur certains côtés de leurs mœurs; nous apprenons ainsi s'ils ont été chasseurs, pêcheurs ou pasteurs; s'ils ont poursuivi la bête fauve dans les forêts ou s'ils ont attaqué près du rivage les habitants des eaux, ou encore s'ils ont mené une vie paisible, entourés de nombreux troupeaux.

Malheureusement l'homme ne se bornait pas à faire la guerre aux animaux; comme aujourd'hui, il la faisait à ses semblables. Les mêmes armes servirent à frapper l'éléphant et l'ours aussi bien que l'homme. A cette époque, il n'y a pas encore de différence entre l'arme de guerre et l'arme de chasse, entre l'arme elle-même et l'outil. Nous sommes encore loin des temps où le progrès amènera la spécialisation.

L'homme a dû se vêtir pour préserver son corps du froid, du vent, de la pluie. La peau des bêtes dévorées ou des tissus grossiers, premiers rudiments de l'industrie textile; les outils nécessaires à la préparation des uns et des autres constituent des indices d'une autre nature.

Les ossements divers entassés dans certains lieux jadis habités nous renseignent donc tout à la fois, et sur le mode de nourriture, et sur la nature des armes employées, et sur les vêtements des premiers hommes.

Il est une autre sorte d'abri plus important que le vêtement, c'est l'habitation. Cavernes, huttes, cabanes, constructions primitives de toute nature encore informes, nous font connaître quelques détails sur les mœurs de leurs habitants. Mais ce qui est bien plus précieux, c'est que les débris d'ossements, d'armes, d'ustensiles, se trouvent dans ces habitations. Ils y ont été accumulés et mêlés pendant une longue suite d'années; dans certains cas, des pluies torrentielles entraînant des fragments de roches, s'engouffrant dans les cavernes, ont pu les broyer et les mêler à des ossements humains.

Souvent l'habitation de l'homme pendant sa vie devenait son dernier abri, sa tombe. C'était sa première et sa dernière demeure. Aussi les tombeaux ne diffèrent-ils pas des habitations, et trouve-t-on auprès des ossements les objets qui avaient appartenu au mort, ceux surtout auxquels il attachait le plus de prix. C'étaient d'abord ses armes, puis ses bijoux, car déjà l'homme songeait à se parer, puis ses amulettes, car le sentiment religieux n'avait pas acquis ce degré de pureté et d'élévation qui le distingue des superstitions grossières.

Enfin, ces divers objets nous permettent encore de savoir si l'homme des premiers temps a connu le feu, s'il avait déjà réduit certains animaux à l'état domestique, s'il possédait les premières notions de l'agriculture et de l'art.

On conviendra que ces nombreux documents, convenablement interprétés, peuvent servir à écrire l'histoire des temps anté-historiques. Ils ne sont pas moins sérieux que les débris fossiles qui servent à établir l'histoire de la Terre. Ils nous permettent d'ajouter un chaînon à la longue chaîne de l'histoire, de remonter plus près de l'origine des choses, de ne plus laisser à l'hypothèse que la période qui sépare les temps dont nous parlons de ceux où aucune créature humaine n'existait sur la terre.

Examinons maintenant les lieux où gisent tous les débris dont il vient d'être question.

## § II. — LES CAVERNES

Il existe sous le sol, dans l'épaisseur de la croûte terrestre, à une profondeur variable, des cavernes plus ou moins vastes dont les galeries s'étendent dans des directions diverses. Des causes très-différentes ont sans doute creusé ces excavations : tantôt ce sont les mouvements ou les dislocations des couches terrestres; tantôt des éboulements internes, ou encore le passage des eaux d'infiltration qui ont dissous ou entraîné les terres solubles ou meubles; enfin certaines cavernes conservent la trace du séjour des eaux et ont été des canaux naturels. Ce même fait se produit sous nos yeux : un assez grand nombre de cours d'eau disparaissent sous le sol et reparaissent à la surface après un trajet souterrain plus ou moins long, ou se perdent complétement dans d'immenses gouffres. On les voit quelquefois troubles à leur entrée dans la terre et limpides à leur sortie. Ils ont déposé les matières qui en troublaient la transparence et se sont trouvés en quelque sorte filtrés.

Les animaux et l'homme ont trouvé dans les cavernes une retraite toute prête; on peut donc tout naturellement supposer qu'ils ont dû s'y établir et y laisser des marques de leur séjour. Mais nous verrons plus loin que, dans le plus grand nombre des cas, les ossements et les reliques de nature diverse recueillis dans les cavernes y ont été entraînés par les eaux pluviales et fluviales. Quoi qu'il en soit, nous trouvons là une première source de renseignements sur l'homme primitif.

Les cavernes sont rarement d'un accès facile; sans doute les mouvements du sol en ont fermé les issues ou modifié l'intérieur; mais il est aussi possible que les hommes aient choisi précisément celles dont l'entrée était dissimulée et les passages difficiles, afin qu'elles fussent des abris plus sûrs. En outre, le sol et les parois sont recouverts de stalagtites et de stalagmites, c'est-à-dire de ces dépôts calcaires abandonnés par les eaux qui suintent à travers les fissures des rochers. Ils forment des couches épaisses, dures comme le marbre, qu'on ne brise qu'avec peine à coups de pic, lorsqu'on veut mettre le sol à découvert pour retrouver les restes enfouis.

Citons les cavernes des bords de la Meuse, fréquemment explorées par le savant belge Schmerling, surtout celles d'Engis et d'Engiboul, près de Liége, mines célèbres par la découverte qu'on y a faite de crânes humains; la caverne de Sainte-Reine, près de Toul (Meurthe), que M. Husson a fait connaître dans tous ses détails, et que nous avons visitée avec cet habile observateur; celles de Lunel-Viel, des Eysies, etc., en France; les cavernes de la province d'Alger, décrites par M. Paul Marès; celles de Kirkdale (comté d'York), explorées par le savant géologue Buckland; de Kent (comté de Devon), en Angleterre; et tant d'autres, non-seulement dans les diverses contrées de l'Europe, mais dans les diverses parties du monde.

Pour qu'on puisse se faire une idée des difficultés qu'on éprouve à parcourir ces cavernes, qu'on se figure Schmerling allant, un jour après l'autre, se laisser glisser le long d'une corde attachée à un arbre jusqu'au pied de la première ouverture de la caverne d'Engis, pénétrant dans la première galerie souterraine, rampant ensuite à quatre pattes dans un étroit passage menant aux grandes chambres, faisant percer sous ses yeux la croûte stalagmitique pour extraire au dessous, pièce à pièce, la brêche osseuse presque aussi dure; restant pendant des heures les pieds dans la boue, la tête sous l'eau qui suintait des parois.

Dans la plupart des cavernes, on trouve, non-seulement des ossements, mais aussi des fragments de poteries grossières, des pierres à feu ou silex taillés de diverses manières et simulant des armes, des outils, des ustensiles divers; des os taillés en pointe, etc.

Certains ossements d'animaux appartiennent à des espèces disparues et sont néanmoins mêlés aux ossements humains et aux débris de l'industrie humaine. Tous ces débris ont été préservés d'une destruction complète par l'épaisse croûte pierreuse qui les recouvre; les gouttes d'eau carbonatée, en tombant lentement, ont formé une sorte de ciment avec la boue, le sable, les os, etc.

On peut croire que, dans le plus grand nombre des cas, les cavernes ont servi d'abris à l'homme et de repaire aux animaux sauvages, soit avant, soit après lui; mais on peut également admettre que les eaux torrentielles ont entraîné le sable, les os, etc., dans des fissures du sol, et de là dans les grottes et les ont mêlés. Ce qui le confirme, c'est l'usure et le polissage partiel auquel ont été soumis ces débris, c'est leur mélange même avec des os d'oiseaux.

On y a trouvé des os d'ours, d'hyènes, d'éléphants, de rhinocéros, etc., dont l'espèce a disparu, mêlés à ceux d'espèces encore vivantes, telles que chat, castor, sanglier, chevreuil, loup, etc.; ceux de certains poissons, d'un serpent et de plusieurs oiseaux; enfin, des fragments très-incomplets de squelettes humains parmi lesquels il faut citer la partie supérieure de quelques crânes trouvés à Engis, les débris de divers squelettes humains à Engiboul et dans le Neanderthal (vallée de la Dussel, près Dusseldorf). Mêlés à ces ossements, on rencontre un certain nombre de lames de silex, des os taillés en pointe et quelques fragments de poteries.

## § III. — LES TOMBEAUX

Il n'y a pas loin des cavernes aux tombeaux; à cette époque primitive, la même demeure qui a abrité l'homme pendant sa vie, l'abrite encore après sa mort. On laisse auprès du mort ce qu'il a le plus aimé :

ses armes, ses bijoux, quelques amulettes et les ustensiles à l'aide desquels il prenait sa nourriture. Souvent on le trouve accroupi, ramassé sur lui-même comme l'enfant dans le sein de sa mère, comme si en effet il allait renaître et commencer une seconde vie au delà du tombeau.

A l'origine, les constructions, quelle que soit leur destination, temples, tombeaux ou habitations, sont une imitation plus ou moins fidèle de la grotte ou de la caverne. L'homme ne crée pas spontanément ; son intelligence doit être éveillée par la vue de quelque objet naturel qu'il perfectionne. En attendant que l'arbre fasse naître dans son esprit l'idée de la colonne, la grotte lui montre le premier type de la maison. L'étincelle jaillit du fer qui heurte le caillou ; l'intelligence s'allume pour ainsi dire lorsque l'œil est frappé par des phénomènes ou des objets. Les premières constructions offrent donc un modèle uniforme : ce sont des tertres, des monticules creux ou des amas de pierres sèches ou cimentées en forme de tertres ou de pyramides.

L'emploi de la pierre, dans des buts très-divers, se retrouve chez tous les peuples et depuis l'antiquité la plus reculée. Après le songe de l'*échelle,* Jacob prend la pierre dont il avait fait son chevet et la dresse pour monument. Quand il fait sa paix avec Laban, lui et ses frères élèvent un tas de pierres comme une borne entre Laban et lui. Moïse élève à l'Éternel un autel de pierres non taillées. Josué, au passage du Jourdain, érige un monument de douze pierres. Encore de nos jours, dans les pieuses visites qu'ils rendent aux tombeaux, les israélites déposent des pierres comme témoignage de leurs visites. Ne pourrait-on pas voir là une tradition remontant jusqu'aux origines de ce peuple si fidèle à sa loi ?

L'histoire grecque est pleine de faits semblables : Homère désigne des tas de pierres ou de terre sous le nom de tombeaux des héros. Il est également question dans l'*Iliade* des tertres élevés en l'honneur d'Hector et de Patrocle.

Les tombeaux des Celtes consistent en

amas de pierres d'autant plus élevés que le mort est de plus haute condition. On en peut voir deux dans la cour du musée de Cluny, à Paris.

Les pyramides d'Égypte sont l'expression la plus noble de ce culte rendu aux morts ou de ces monuments élevés en commémoration d'un grand événement.

Un caveau funéraire, qui paraît être un des plus anciens monuments de cette nature, et qui tient en quelque sorte une place intermédiaire entre les cavernes et les tombeaux, fût découvert par accident, il y a quelques années, tout près de la petite ville d'Aurignac (Haute-Garonne).

Un ouvrier, employé à la réparation des routes, remarqua un trou où se réfugiaient les lapins poursuivis par les chasseurs. En plongeant le bras de toute sa longueur dans l'ouverture, il en retira, à sa grande surprise, un os long d'un squelette humain. Ce fait piqua sa curiosité ; il creusa le sol et, en peu d'heures, il se trouva en face d'une lourde et grande plaque de pierre placée verticalement et qui fermait l'entrée du caveau. Il l'enleva et découvrit une grotte de deux à trois mètres dans tous les sens. Elle était presque entièrement remplie d'ossements, au milieu desquels se trouvaient des crânes humains. Le docteur Amiel, maire d'Aurignac, compta dix-sept squelettes des deux sexes et de tout âge. Ces ossements furent transportés et enterrés au cimetière.

M. Lartet, le savant géologue, put cependant recueillir les restes de quelques animaux ainsi que des débris d'objets travaillés. Il en a conclu que la grotte d'Aurignac était un ancien lieu de sépulture. Les parents, les amis des morts sont venus sur le seuil du caveau faire le repas des funérailles, après avoir placé auprès des cadavres les provisions pour le grand voyage.

Nous voici tout naturellement amené à parler de constructions en terre ou en pierres (*tumuli*) répandues dans toutes les parties du monde, de formes et de dimensions variées, mais offrant en général l'aspect de monticules ou de tertres verdoyants.

C'étaient des temples, ou des camps, ou des sépultures. Quelques-uns, comme ceux de la vallée de l'Ohio (Amérique), couvrent une surface de 40 hectares et ont un volume de plus de 500,000 mètres cubes, c'est-à-dire le quart de la grande pyramide d'Égypte.

On trouve dans ces *tumuli*, comme on les appelle, des restes à peu près analogues à ceux qui ont été recueillis dans les cavernes, et nous ne reviendrons pas sur une énumération fastidieuse.

Par un moyen indirect et très-ingénieux on a démontré que l'origine de ces monticules remonte à une époque très-ancienne. Depuis qu'ils ont été abandonnés, plusieurs générations d'arbres s'y sont succédé dans un ordre qu'on pourrait appeler un assolement naturel. Or, un des vétérans des dernières forêts ne comptait pas moins de 800 ans, ce dont on a pu s'assurer par le nombre des couches concentriques dont le tronc était formé. Il faut donc faire remonter au moins à quelques milliers d'années la date de ces ouvrages, et plus haut encore l'origine des peuples qui les ont construits.

Cette antiquité est confirmée par cette autre observation, que certains cours d'eau, après avoir rongé la base de ces monuments, ou plutôt le pied des collines qui les supportent, se sont déplacés et coulent aujourd'hui à une assez grande distance de leur ancien lit.

## § IV. — LES KŒKKEN MŒDDING

Les mots kœkken mœdding sont en langue danoise, et signifient *restes de repas* ou rebuts de cuisine. Il s'agit, en effet, des débris laissés par les premiers habitants des bords de la Baltique. Ce sont des monticules de grandeurs différentes, échelonnés le long des côtes, et formés de coquilles, d'os, de poteries, de silex, etc. C'est en Danemark qu'on les a observés pour la première fois, et voilà pourquoi ils portent un nom danois; mais on en a retrouvé depuis sur d'autres rivages, et partout ils offrent les mêmes caractères.

Ils sont en forme de collines ondulées présentant quelquefois au milieu un espace vide, et tantôt allongés, tantôt arrondis.

Il en est dont les dimensions atteignent jusqu'à 300 mètres de long sur 50 de large et de haut. En général, ils sont peu élevés au-dessus du niveau de la mer. On en trouve cependant quelques-uns à une certaine distance du rivage, mais qui devaient être à une certaine époque au bord même de la mer comme les autres.

Pendant longtemps on n'y fit pas attention, on croyait que c'étaient des grèves soulevées qui renferment, on le sait, des débris d'animaux marins mêlés au sable et au gravier; mais le savant professeur danois Steenstrup, examinant avec un soin scrupuleux la nature des débris, a montré de la manière la plus évidente que ce sont bien les restes des repas des habitants primitifs du Danemark.

D'abord on ne trouve pas les premières coquilles venues, mais des espèces déterminées et en petit nombre; de plus elles sont toutes d'assez grande taille, enfin ce ne sont pas des espèces qui vivent ensemble. Tout cela prouve bien que les kœkken mœdding ne sont pas des dépôts naturels. Les hommes ont d'abord fait un choix; puis, parmi les espèces choisies, ils ont pris celles qui avaient une assez grande taille; enfin, elles ont été pêchées en divers lieux. Si dans plusieurs siècles, on recueille les coquilles des mollusques qui entrent dans notre alimentation, on trouvera principalement des huîtres et des moules d'une taille déterminée.

A ces preuves, nous en allons ajouter d'autres. De nombreux fragments d'os sont mêlés aux coquilles : ils appartiennent à des oiseaux, à des poissons ou à d'autres animaux marins ou terrestres. Ici, il n'y a plus de doute possible ; nous sommes en face des restes de la chasse. Les hommes de la Baltique étaient tout à la fois chasseurs et pêcheurs. Ils s'aventuraient à une certaine distance dans les forêts à la poursuite du cerf, du chevreuil, du sanglier, du coq de bruyère, etc. Au bord des grands lacs, ils trouvaient le canard, le cygne et l'oie, dont les ossements abondent dans les kœkken mœdding. Ils osaient s'avancer assez loin dans la mer, comme le prouvent les nombreuses arêtes de hareng et de cabéliau; ils connaissaient également la limande et l'anguille; enfin, les mollusques qu'ils trouvaient non loin du rivage sont l'huître, la moule, la coque et la littorine.

Au retour de la chasse ou de la pêche, ils s'établissaient sur les bords de la mer, et là, accroupis, groupés par familles, ils dévoraient plutôt qu'ils ne mangeaient leur provisions et en laissaient les restes sur la place autour d'eux, ce qui est très-bien indiqué par la forme, les saillies et les creux que présentent les monticules.

En suivant les contours de la côte danoise, on remarque qu'il n'y a pas de kœkken mœdding sur toute la partie occidentale. Serait-ce parce que la côte a été surtout habitée dans les points abrités? Serait-ce parce que les vagues les auraient peu à peu rongés et détruits? Il est probable que la mer Baltique, au lieu d'être profondément divisée en de nombreux détroits, comme elle l'est aujourd'hui, communiquait plus librement avec la mer du Nord. Peu à peu, le passage aurait été obstrué, et par suite les mouvements de la mer modérés; de sorte que sur les côtes occidentales, la mer libre, continuant à balayer le rivage, a fait disparaître les monceaux de débris, tandis que sur les autres points où l'action des eaux était moins violente ces mêmes monceaux n'ont pas disparu. Cette période de l'homme primitif remonterait donc à l'époque éloignée où l'entrée de la Baltique était libre.

Cette haute antiquité est confirmée par cet autre fait que les mollusques dont se nourrissaient les hommes à cette époque, huîtres, moules, etc., mollusques qui vivent encore dans la mer danoise, n'y parviennent plus à la taille de ceux des kœkken mœdding. Et, en effet, le milieu où ils se développaient n'est pas le même, les eaux de la Baltique sont moins salées que celles de l'Océan depuis que la communication des deux mers est en partie interrompue.

Enfin, une troisième observation a permis d'établir, par un moyen détourné, mais très-ingénieux, la date approximative de cette époque reculée. Nous avons dit qu'on trouvait dans les tas un grand nombre d'os du coq de bruyère; or, cet animal vit de bourgeons de pins. Mais les forêts de pins n'existent plus en ces lieux où se trouvent aujourd'hui des hêtres. Ces derniers ne sont pas venus immédiatement après les pins; ils ont succédé à des chênes. Sur le premier sol ont successivement poussé les pins, les chênes et les hêtres, trois peuples végétaux qui se sont succédé naturellement. Les troncs qu'ils nous ont laissés nous renseignent sur leur âge et nous permettent de remonter jusqu'à environ quatre mille ans.

## V. — LES CITÉS LACUSTRES

Il existait au nord de la Grèce un pays nommé la Péonie. Une partie des habitants de ce pays furent soumis par les Perses, mais les autres Péoniens qui habitaient des huttes construites sur pilotis, au milieu du lac Prasias, purent ainsi échapper à leurs ennemis et conserver leur indépendance. Hérodote, historien grec, qu'on a surnommé le père de l'histoire, parle des Péoniens en ces termes :

« Leurs maisons sont ainsi construites : Sur des pieux élevés, enfoncés dans le lac, on a posé des planches jointes ensemble; un pont étroit est le seul passage qui y conduise. Les habitants plantaient autrefois ces pilotis à frais communs; mais dans la suite il fut réglé qu'on en apporterait trois du mont Orbelus à chaque femme que l'on épouserait. La pluralité des femmes est permise dans ce pays. Ils ont chacun sur ces planches leur cabane, avec une trappe bien jointe qui conduit au lac; et, dans la crainte que leurs enfants ne tombent par cette ouverture, ils les attachent par le pied avec une corde. En place du foin, ils donnent aux chevaux et aux bêtes de somme du poisson. Il est si abondant dans ce lac, qu'en y descendant par la trappe un panier, on le retire peu après rempli de poisson. »

Ce qu'Hérodote nous raconte peut s'appliquer à des peuplades qui ont habité les lacs de la Suisse à une époque bien antérieure à l'existence des Péoniens. C'est seulement en 1855, lorsque les eaux s'abaissèrent dans les lacs à un point où on ne les avait pas encore vues, qu'on découvrit par hasard les traces des habitations de ces peuples; les groupes de ces habitations ont reçu le nom de villages ou cités *lacustres*, c'est-à-dire *des lacs*. Quelques habitants de Meilen, petite ville située sur les bords du ac de Zurich, voulurent profiter des basses eaux pour s'emparer de la portion du rivage laissée à sec et agrandir ainsi leurs petites propriétés. Les fouilles qu'ils pratiquèrent dans la vase du lac mirent à découvert des débris de nature diverse. C'étaient des pilotis, des outils, des armes, des fragments de poteries, des ossements d'animaux, des restes de végétaux, tels que graines, fruits à noyau, et même des parties de vêtements.

Les pilotis étaient assez bien conservés. Ils portaient la trace des entailles faites avec des instruments de pierre; ils étaient en partie carbonisés, soit parce qu'on avait abattu les arbres en brûlant leur tronc à la base, soit parce que les villages lacustres ont été incendiés à une certaine époque par des conquérants qui ont emmené les populations en captivité.

La position de ces pilotis et ce que l'on connaît des habitations analogues anciennes, comme celles des Péoniens, ou modernes, comme celles qui existent sur le Don et à Bornéo, permet de penser que les villages lacustres étaient des groupes de huttes tantôt rondes, tantôt rectangulaires, avec un plancher à fleur d'eau, recouvertes d'une toiture et cimentées avec de l'argile. Lorsque les huttes étaient voisines du rivage, on y arrivait par un pont mobile; plus éloignées du bord, on y allait en canots faits avec des troncs d'arbres creusés. Les habitants se trouvaient ainsi à l'abri des attaques de leurs ennemis et des animaux, tels que l'ours, le loup et le sanglier.

Il y eut une époque où non-seulement les lacs de la Suisse, mais aussi ceux de l'Italie, de l'Irlande, de l'Amérique, étaient couverts de villages. Le mode de construction variait un peu. En Irlande, par exemple, les huttes étaient construites sur des îlots artificiels ou *crannoges*. Sur le lac de Genève seulement, on a compté l'emplacement de vingt-quatre de ces villages dont un seul, comprenant environ deux cents huttes, couvrait une surface d'environ 400 mètres de long sur 50 de large, et contenait un millier d'habitants.

Les débris enfouis dans la vase, au milieu des pilotis, étaient des armes en silex, des hachettes, des flèches, des cornes, des os appartenant à des animaux domestiques, comme le bœuf, le mouton, la chèvre, le cygne, le canard, l'oie, ou à des animaux sauvages, comme l'ours, le loup, le sanglier; des céréales indiquant une culture assez avancée; des poteries et même des tissus qui montrent une certaine industrie.

Si les plus anciennes cités lacustres peuvent être regardées comme contemporaines des kœkken mœdding, il est évident aussi que de nombreuses générations se sont succédé sur les mêmes lieux. Les constructions ont été perfectionnées, les outils et les armes améliorés, le métal a suivi la pierre, la culture est venue, et avec elle les troupeaux. Il est à peu près sûr que les habitants des côtes ont passé par les mêmes phases progressives, et qu'une civilisation uniforme s'est produite en même temps sur tous les points du globe.

## § VI. — EXAMEN DES DÉBRIS

Nous n'avons fait, jusqu'à présent, qu'énumérer les reliques trouvées en tous lieux, chez des peuples divers, vivant dans des conditions différentes. Chasseurs ou pêcheurs, habitants des forêts ou des rivages, tous nous ont laissé des armes, des ustensiles, des outils, etc., qui se ressemblent en général et montrent une même époque, mais diffèrent en particulier avec la région et les mœurs ou les habitudes des peuples.

Ainsi, tous les outils étaient en pierre, mais la pierre n'était pas la même dans tous les pays; il y avait un mode général de fabrication, mais la pierre n'avait pas partout la même consistance, la même dureté, et, par suite, on la brisait, on la taillait, on la polissait plus ou moins facilement; enfin, on ne l'emmanchait pas partout de la même manière.

Les choses ne se passent pas autrement aujourd'hui, bien que les chemins de fer et les expositions qui en sont la conséquence aient beaucoup contribué à répandre partout les mêmes connaissances et les mêmes procédés; mais ils ne peuvent pas modifier les fruits de la terre et les minerais qu'elle contient, ni la température et les habitudes qui en dépendent. Aussi reste-t-il des différences dans la manière d'appliquer les mêmes connaissances et d'user des mêmes procédés.

On s'explique ainsi les haches de silex, de serpentine, de jade, etc.; les différences de grosseur, de forme, de taille selon la substance. Parmi les silex se trouvent des fragments plus gros que les autres dont on a détaché méthodiquement des éclats plus petits; on voit la trace des entailles pratiquées à l'aide d'un autre silex. La cassure en coquille de cette pierre se prêtait facilement à ce travail, si l'on ajoute que la dureté du silex, la possibilité d'obtenir des arêtes tranchantes étaient autant de précieuses qualités, que le silex est assez abondant, on ne sera pas étonné qu'il fût d'un usage très-général.

Il nous semble difficile d'admettre des périodes distinctes de l'âge de pierre, l'une correspondant à la pierre grossière, l'autre à la pierre polie. Il est probable que le travail de la pierre s'estperctionné pendant toute la durée de l'âge de pierre d'une manière continue, comme nous l'avons vu de notre temps pour le travail des métaux. Des silex brisés naturellement ont pu donner l'idée de les tailler, et la pensée une fois éveillée sur ce point, la taille a été dirigée en vue de donner au silex tantôt la forme d'une flèche, tantôt celle d'un grattoir, tantôt celle d'un instrument tranchant comme un couteau. Certains instruments, comme les flèches et les haches, étaient emmanchés, d'autres étaient directement saisis à la main comme les couteaux, les grattoirs, les haches même. Ces divers instruments servaient à attaquer les animaux, à découper leur chair, à gratter les peaux pour en faire des vêtements, etc. On retrouve sur les os la trace des entailles du silex; ceux-ci, lorsqu'ils ont réellement servi, ont conservé la marque d'un long usage : les arêtes sont émoussées; la surface a pris cette couleur, cet aspect vernissé qu'on nomme patine. Dans certains cas, des incrustations se sont formées, des cristaux microscopiques ont été déposés dans des fentes invisibles et se sont groupés de manière à imiter des arbres et des paysages. C'est ce qu'on nomme des *dendrites*.

Les poteries ou plutôt les fragments de poterie qu'on rencontre ont généralement la forme de demi-boules creuses, ou celle de nos pots à fleur, le dessin en est très-simple, les ornements se réduisent à des empreintes que le potier a dû faire avec ses doigts ou à l'aide des liens qui servaient à suspendre l'objet pour le faire sécher. Ces vases sont d'argile, les uns cuits au soleil, les autres cuits au feu ou ayant subi accidentellement l'action du feu.

On n'a trouvé que quelques rares morceaux d'étoffes tressés et non tissés, dont l'antiquité est constatée par une curieuse observation faite au microscope. C'est la présence sur le tissu de certains végétaux invisibles à l'œil nu et qui datent d'une époque très-ancienne.

Les ornements ou les bijoux sont des pierres assemblées de formes bizarres ou des colliers faits de dents, de coquilles ou de petites pierres percées et enfilées sans doute avec des liens d'origine animale, ou encore des anneaux, des bracelets, etc. Ces objets sont évidemment d'une époque relativement récente.

Des fruits, des grains et même des gâteaux préservés de la décomposition par une carbonisation accidentelle ou naturelle, ont fait connaître jusqu'à quel point la culture était développée dans les derniers temps de la période de pierre et dans certains lieux, ce que laissent supposer d'ailleurs les os d'animaux domestiques trouvés dans les mêmes localités.

## § VII. — LES SAUVAGES

Dans un ouvrage très-intéressant intitulé : *l'Homme avant l'histoire* (1), un savant anglais, sir John Lubbock, a eu l'ingénieuse idée de comparer les mœurs des sauvages modernes à celles qu'on peut

(1) Un vol. in-8°, chez Germer-Baillière.

supposer de l'homme primitif d'après l'inspection des divers objets dont il s'est servi. Comme on pouvait s'y attendre, on a constaté une ressemblance très-grande entre les mœurs de ces sauvages de deux époques différentes.

L'examen n'a pas seulement porté sur l'ensemble des matériaux. On a eu égard aux circonstances particulières dans lesquelles se trouvaient les divers groupes humains; on a comparé ceux qui étaient placés dans les mêmes conditions et par conséquent en présence des mêmes obstacles. Ainsi, les objets provenant des kœkken mœdding ont été mis en regard des objets analogues qu'on rencontre chez les sauvages qui habitent les rivages de la mer; ceux des cités lacustres ont été rapprochés de ceux de certaines peuplades qui sont encore établies sur des lacs.

Tout a été comparé, pièce à pièce, les armes avec les armes; les ustensiles avec les ustensiles; les abris, les tombeaux avec leurs analogues, et cet examen comparatif n'a pas seulement fait ressortir plus vivement les ressemblances, mais a permis d'expliquer l'usage de certains objets d'une destination jusqu'alors inconnue. Malheureusement les populations sauvages ont déjà eu pour la plupart des rapports avec les nations civilisées qui leur ont fait connaître l'usage des métaux et certains procédés industriels ; de là une influence directe et indirecte dont il faut tenir compte dans les comparaisons. Ajoutons qu'il est difficile de retrouver les hommes dans des conditions absolument identiques, et on conviendra que les choses ne sont pas aussi simples qu'on aurait pu le croire au premier abord et qu'on ne saurait rien affirmer sans trop de réserve.

C'est surtout à l'extrême nord et à l'extrême sud des continents, dans le voisinage des pôles, aux limites les plus reculées des terres habitables, qu'il faut aller chercher les peuplades sauvages. Dans ces contrées désolées où un froid terrible suspend toute vie, où quelques rares lichens abrités par la neige végètent misérablement, où quelques animaux affamés se disputent une proie fugitive, où par conséquent rien ne saurait tenter les nations civilisées, on trouve des populations vivant encore dans l'état primitif. Elles montrent que lors même que l'homme est accablé par les éléments, c'est encore lui qui les dompte.

Au nord de l'Amérique se trouvent les Esquimaux, au sud, les Patagons; au sud de l'Afrique vivent les Hottentots. Enfin, en dehors des grands continents, répandus dans les îles, on rencontre les Australiens, les Taïtiens, les Veddahs, les habitants de Viti, etc., qui ont un grand nombre de traits communs. Ce sont là les sauvages actuels.

Tous ou à peu près tous font usage d'instruments de pierre : haches, flèches, marteaux, etc., auxquels un certain nombre ont ajouté des instruments de métal le plus souvent d'origine étrangère, savoir des massues, des lances, des frondes, etc.

Les Australiens et les Patagons du rivage rappellent sans doute par leurs mœurs et leurs coutumes les Danois primitifs. On voit échelonnés sur les côtes qu'ils habitent les tas de coquilles mêlées d'os, de hachettes et de débris divers analogues aux kœkken mœdding. On peut même suivre la formation de ces tas, c'est-à-dire assister aux repas des Australiens, les voir se nourrir de divers mollusques et en rejeter les coquilles, dévorer la chair des poissons et des animaux terrestres et laisser les os; puis, au milieu de ce mélange d'os et de coquilles, se trouvent des objets usés ou perdus tels que les hameçons qui montreront qu'ils s'adonnaient à la pêche, et les flèches qui annoncent un peuple chasseur, ou encore des fragments de poteries ou d'ustensiles qui témoignent de leur industrie.

Sauvages de toutes les régions, du rivage, des îles ou de l'intérieur des terres, tous ou à peu près placent les mortsde la même manière : assis, les genoux ramassés vers le menton, la tête inclinée. Auprès du mort sont ses armes, ses ornements, ses objets les plus précieux. La tombe est un monticule, ou la hutte du mort même recouverte de pierres, de terre et d'arbres. De sorte que tout est renfermé dans la première et la dernière demeure de l'homme; son existence est racontée par tout ce qui l'entoure, ce sont pour ainsi dire des mémoires parlants.

Schiller a rappelé dans une ballade, d'après le voyageur anglais John Carver, les rites funèbres d'une tribu indienne :

Entonnez le chant funéraire,
Apportez le dernier cadeau,
Mettez tout ce qui peut lui plaire
Auprès du mort dans le tombeau.

Déposez d'abord à sa tête
La hache terrible en sa main,
Puis un quartier d'ours, sa conquête ;
Les morts font un si long chemin !

Puis le couteau, tranchant, rapide,
Qui de son ennemi gisant
Scalpait la chevelure humide
Et la peau du crâne sanglant.

Puis dans sa main, pour qu'il s'en peigne
Les couleurs dont il fut épris,
Qu'éclatant de rouge il atteigne
Le grand royaume des Esprits (1).

1) Schiller. Traduction de Charles Meaux Saint-Marc.

Les insulaires, les habitants de Viti, et les habitants des rivages construisent des canots avec des troncs d'arbres creusés à l'aide du feu; ils ont des filets et se servent d'écailles en guise de vaisselle. Ceux de Viti sont plus civilisés que les autres : ils possèdent des arcs, des flèches, des frondes, des massues; ils construisent des maisons et se servent avec une adresse sans exemple de couteaux de bois durci au feu ; ils font usage de poteries, de vêtements, enfin ils cultivent la terre. Australiens et Taïtiens obtiennent rapidement du feu en frottant deux morceaux de bois sec l'un contre l'autre. Chez la plupart, on trouve de rares ornements d'os, de coquilles, de dents, etc., grossièrement assemblés.

Tel est l'ensemble des renseignements recueillis par les voyageurs. Si l'on tient compte des rapports fréquents de ces sauvages avec les nations civilisées depuis que les voyages se sont multipliés, c'est-à-dire depuis la découverte de l'Amérique et qu'on écarte tout ce qui peut tenir à des causes étrangères, on reconnaîtra que le sauvage primitif a dû ressembler beaucoup au sauvage actuel. Il serait au moins étrange que l'homme placé dans les mêmes conditions ne triomphât pas par les mêmes moyens des mêmes obstacles. L'intelligence humaine est une; son développement est soumis à des lois, et ces lois ne varient pas avec le temps. Les différences qu'on rencontre chez les sauvages tiennent aux choses et non aux hommes; elles dépendent en effet de ce qu'ils trouvent sous la main, à ce moment où l'homme est encore incapable de faire des recherches, des observations ou des inventions. Chez les nations civilisées, au contraire, règne la plus grande uniformité. Tout y concourt, le commerce, les voies de communication, les voyages, l'instinct de sociabilité. Si bien qu'une invention utile, un procédé avantageux, une fois connu, est bientôt généralisé. Cette uniformité qui commence par l'usage des mêmes procédés industriels se continue plus lentement, il est vrai, mais sûrement dans le costume, dans la langue et dans les mœurs.

Dans cet examen, si rapide qu'il soit, nous ne saurions passer sous silence les premières tentatives des hommes dans l'art du dessin. On sait que l'enfant essaie de dessiner bien avant qu'il n'écrive et que sa main ne soit assurée; or, le sauvage est un enfant. Ne serait-il pas possible que le talent d'imitation, en germe chez ce jeune sauvage qui s'appelle l'enfant, fût plus développé chez le vieux sauvage? Ne serait-il pas possible que les arts d'imitation, qui tiennent en quelque sorte plus de l'instinct que de l'intelligence, pussent se développer indépendamment de la civilisation? La question vaut la peine qu'on s'y arrête, et voici pourquoi : on a découvert sur des os d'animaux fossiles des dessins représentant des animaux qui n'existent plus et qui auraient vécu en même temps que l'homme. On aurait ainsi acquis la preuve de l'existence de l'homme à une époque plus reculée que celle qu'on assigne ordinairement. On possède également des sculptures auxquelles on accorde une importance égale à celle des dessins. Il nous semble difficile d'admettre cette perfection relative sur un point avec une infériorité marquée sur tous les autres. Comment l'homme qui n'a eu d'autre matière première que la pierre et les os, d'autre abri que les grottes naturelles, d'autres vêtements que la peau des animaux, d'autre nourriture que leur chair crue, comment cet homme aurait-il pu laisser des ébauches que ne désavoueraient pas nos artistes, et qui seraient des reproductions d'animaux assez fidèles pour qu'on pût les admettre comme des preuves de l'existence de ces animaux !

## § VIII. — L'HOMME PRIMITIF

> .... Les premières armes furent les mains, les ongles, les dents, les pierres, les branches arrachées aux arbres des forêts. Dès que l'on connut la flamme et le feu, on découvrit les propriétés du fer et de l'airain; mais l'usage de l'airain précéda celui du fer, parce qu'il est de sa nature plus aisé à travailler et plus abondant....
>
> LUCRÈCE.

Si l'on observe que de tous les êtres, l'homme est le moins armé pour sa défense, qu'il n'a ni la force de l'éléphant, ni l'agilité du cerf, ni la souplesse du tigre, ni l'adresse du singe; qu'il ne possède ni les cornes du taureau, ni les défenses du sanglier, ni les dents du lion, ni les serres de l'aigle; qu'il n'a en partage aucune des qualités instinctives de l'animal, car tous ses avantages lui viennent de son intelligence, et qu'en conséquence il les lui faut acquérir, on comprendra qu'il n'eût pu à l'origine des choses résister aux animaux et aux éléments, et que, dans sa lutte avec la nature entière, il eût été détruit.

Donc l'homme a dû naître sous un ciel clément, sur un sol fertile, loin des animaux féroces, et se trouver ainsi tout abrité contre le froid, la faim et la destruction; en un mot, il a dû habiter le lieu que la légende désigne sous le nom de Paradis terrestre.

Non loin de l'Euphrate et du Tigre, sur les plateaux de la Perse, les premières familles humaines vécurent de longues années dans une douce quiétude. Des fruits sauvages suffisaient à leur nourriture, car ils ne travaillaient point. La chaleur de ces régions les dispensait de vêtements. Leurs plaisirs et leurs goûts étaient simples, leurs besoins bornés. Mais le nombre des hommes augmentant, et les ressources devenant précaires, ils occupèrent une plus grande étendue de pays. Cela dura un temps. Autour du noyau primitif, sur une vaste surface plus ou moins circulaire, les hommes se répandirent. Ce fut un premier centre de développement; ce fut le tronc de l'humanité, car elle devait se développer comme un arbre, et, après le tronc, fournir des branches, et celles-ci des rameaux. Après une certaine extension, sur divers points extérieurs de ce premier centre, des familles devinrent des bourgeons, des seconds centres de création, origines des branches principales de l'arbre. Chaque nouveau centre fut un germe tantôt favorisé, tantôt gêné dans son développement par les circonstances locales. Une vaste plaine, un pays fertile, un climat tempéré, de nombreux cours d'eau peu abondants permettaient une extension facile. Au contraire, des régions montagneuses, des fleuves considérables, un sol aride, un climat rigoureux étaient autant d'obstacles qui arrêtaient, mais pour un temps seulement, le développement des populations dans une direction déterminée. Il serait même assez naturel de supposer qu'une fois l'obstacle franchi, le flot des peuples se répandait plus rapidement et plus violemment sur les nouvelles terres envahies, comme un torrent qui, longtemps arrêté dans son cours, ayant accumulé ses eaux rompt ses digues et submerge le pays.

Les choses se passèrent ainsi, puis autour des seconds centres de création les troisièmes se formèrent de plus en plus nombreux et de plus en plus éloignés du tronc. Comme une même séve court dans l'arbre tout entier, une même source de vie circulait dans l'arbre humain. Mais bien que le même sang coulât dans l'humanité, l'influence des milieux se faisait sentir. Ici le soleil, là le froid, en cet autre lieu, l'humidité, puis la nature du sol, le voisinage de la mer, le mode de nourriture, etc. L'espèce humaine devint alors aussi variée que la nature elle-même, variée dans la forme, variée au fond. Il y eut des hommes de tailles, de force, d'agilité, de couleurs, de traits divers, des hommes d'un caractère doux ou féroce, timide ou fier, calme ou vif. Ces signes furent d'abord peu marqués, par la suite ils s'accusèrent de plus en plus, à mesure que les influences extérieures agirent pendant plus de temps. L'action du milieu était alors d'autant plus violente que l'homme moins protégé y pouvait moins échapper. L'homme fut alors, sinon écrasé, au moins dompté par le milieu. Telle est l'origine des races diverses qui peuplent le monde.

L'espèce humaine en se répandant sur le globe, gagna d'un côté, à travers l'Arabie et l'Inde, la Chine et l'Amérique, pendant que d'un autre côté elle s'avançait en Afrique et en Europe. Les branches et ces rameaux couvrirent la terre comme un réseau, et s'entre-mêlèrent. Des cataclysmes terrestres purent isoler pour un temps certains groupes et donner lieu à d'apparentes anomalies ; mais, en général, il y eut un fonds commun chez toutes les nations, une manière d'agir analogue, des procédés semblables, qui ne différaient qu'autant que différaient les conditions et les circonstances.

C'est alors que s'écoula cette longue période dite de l'*âge de pierre*, qui commence à l'origine des choses et dont il nous reste les rares débris que nous avons passés en revue. Longtemps l'homme vécut n'ayant d'autre instrument que ses mains qui suffisaient et au delà. Puis il trouva, sans le chercher, sur son chemin, le caillou, sa première arme et son premier outil. Il en frappa les animaux et se nourrit alors de leur chair crue. Il était plus rusé, et les animaux moins défiants l'approchaient. Le chien et les espèces qui devaient être domestiques vinrent ensuite. Sans doute, il prit les petits, et eut ainsi la mère. On a d'ailleurs, par des exemples pris chez les sauvages, la preuve de l'habileté avec laquelle les hommes primitifs s'emparent des buffles et même des chevaux. Un arbre, une légère élévation de terre lui sert de cachette ; il épie l'animal pendant de longues heures, sans impatience, et s'élance sur lui, lorsqu'il en est peu éloigné. Un premier animal pris rend la chasse plus facile. Les Weddahs, dans l'île de Ceylan, ont des buffles pour la chasse. « Ces animaux sont si bien dressés qu'ils se laissent conduire avec une corde passée autour de leur corne. C'est la nuit qu'on les emploie. Le buffle broute, l'homme se tient tapi derrière, et ainsi, sans être vu, sans éveiller de soupçon, il se jette sur sa proie. »

En maniant les pierres l'homme apprit à connaître leurs qualités. Il sut qu'il y en avait de plus ou moins dures, et qui étaient plus ou moins propres à son but. Le silex fut pour lui une trouvaille ; cette pierre est aux autres ce que l'acier est aux métaux. Il connut bientôt le mode de cassure qui se prête merveilleusement, comme chacun sait, à former des bords durs et tranchants; à défaut de métal, on ne peut guère trouver mieux. D'abord, chacun fabriqua ses propres outils, puis il y eut des manufactures, et c'est alors seulement que la taille et le polissage furent amenés à leur perfection. De cette époque datent toutes les variétés d'armes, d'outils et d'instruments, frondes, flèches pour la chasse, haches à la main ou emmanchées, racloirs pour la préparation des peaux, couteaux pour dépecer les animaux, grattoirs, aiguilles, etc. L'usage des vêtements, des bijoux, des ustensiles, la conquête des espèces domestiques, les commencements de l'agriculture, la naissance de l'art, les rudiments du langage sont venus à la suite. Ce fut l'époque brillante de la civilisation du premier âge de l'humanité.

L'espèce humaine avait successivement envahi toute la surface du globe : la plaine et la montagne ; les îles et les continents. De proche en proche, les hommes s'étaient répandus jusqu'aux limites les plus reculées de la terre habitable, les uns pressés par le besoin, les autres poursuivis par leurs semblables.

De longs siècles s'écoulèrent... La Terre qui ne présente pas partout les mêmes paysages, n'offre pas non plus dans son sein les mêmes minéraux. Les métaux ne se trouvent pas sur tous les points du globe; les gisements ne sont pas également abondants, ni le minerai d'une exploitation également facile. Dans les contrées favorisées où le ciel était clément, le sol riche et fertile, les minéraux abondants et variés, l'homme put lutter avec succès contre les obstacles naturels. Il se créa de nouveaux besoins, et en même temps de nouvelles ressources. La civilisation continua donc son développement : elle prit seulement des caractères différents selon le pays et se manifesta successivement dans l'Inde, la Chine, l'Égypte, la Grèce, l'Italie, etc.

En même temps, les rapports de peuple à peuple devenaient plus fréquents, car les moyens de communication étaient de plus en plus et nombreux et commodes. Un jour, les membres de la famille humaine, longtemps isolés, se sont enfin retrouvés face à face, les uns améliorés, les autres dégénérés. Les premiers parcourant la terre en maîtres, armés contre la faim, le froid, les intempéries, envahissant tous les points du globe, les autres immobilisés dans les cantonnements, achetant une existence précaire au prix d'une lutte incessante contre les animaux et les éléments.

Aujourd'hui les conditions de la vie ne sont plus les mêmes qu'à l'origine des choses. L'homme a conquis son indépendance. Il emporte pour ainsi dire avec lui sa civilisation, et, dès lors, ne ressent du milieu qu'une influence d'autant plus légère qu'il se déplace plus fréquemment. Les générations ne restent plus fixées sur le sol où elles ont pris naissance, elles ne s'élancent pas non plus en formidables invasions. Les mélanges des nations ont lieu maintenant d'une manière permanente, non par masse, mais en détail. C'est par les individus que se fait l'union des peuples : elle est donc plus intime et plus douce. Comparée à la violente fusion opérée par les irruptions, on peut dire que c'est l'action bienfaisante de la pluie qui par ses milliers de gouttes porte la vie aux végétaux dans tous les points du sol substituée aux inondations désastreuses.

L'homme échappe donc au milieu d'abord parce qu'il lutte maintenant avec avantage, ensuite parce qu'il tend à devenir cosmopolite, enfin parce que les alliances qu'il forme sont plus variées.

On peut donc prévoir la disparition des races inférieures et l'apparition d'une race offrant des qualités intermédiaires, une sorte d'alliage humain. Les caractères distinctifs n'auront pas été détruits; ils seront seulement atténués.

Alors les espèces ennemies de l'homme auront disparu et les espèces domestiques se seront considérablement multipliées. Les forces de la nature, mieux connues, seront pliées aux fins de l'homme et la conquête du globe assurée. De son intelligence seule il aura tiré toute cette puissance. Son corps était nu et sans protection, c'est son intelligence qui l'a vêtu. Il ne pouvait lutter contre les animaux féroces, c'est son intelligence qui lui a fourni des armes pour les vaincre, en même temps qu'elle lui apprenait à conquérir les animaux utiles; c'est à son intelligence qu'il doit les abris sains et agréables où il repose, aussi bien que les moyens rapides de locomotion; c'est encore à elle qu'il doit la connaissance des arts, des sciences et des lettres, et les plaisirs élevés qu'on en retire.

Enfin, se repliant sur elle-même, cette même intelligence s'est étudiée, et cherchant son origine et sa fin, elle s'est heurtée à d'impénétrables mystères. A cette lutte sans issue elle a cependant gagné plus de force. N'est-ce pas le lieu de terminer en disant avec Pascal : « Toute notre dignité consiste donc en la pensée. C'est de là qu'il faut nous relever, non de l'espace et de la durée que nous ne saurions remplir. »

---

Coulommiers. — Typographie de A. MOUSSIN